BEI GRIN MACHT SICH IHR WISSEN BEZAHLT

- Wir veröffentlichen Ihre Hausarbeit, Bachelor- und Masterarbeit

- Ihr eigenes eBook und Buch - weltweit in allen wichtigen Shops

- Verdienen Sie an jedem Verkauf

Jetzt bei www.GRIN.com hochladen und kostenlos publizieren

Claudia Brunsch

Die Politik des "New Deal" - ein erfolgreiches Modell?

GRIN Verlag

Bibliografische Information der Deutschen Nationalbibliothek:

Die Deutsche Bibliothek verzeichnet diese Publikation in der Deutschen National-
bibliografie; detaillierte bibliografische Daten sind im Internet über http://dnb.d-
nb.de/ abrufbar.

Impressum:

Copyright © 2005 GRIN Verlag GmbH
Druck und Bindung: Books on Demand GmbH, Norderstedt Germany
ISBN: 978-3-638-92261-6

Dieses Buch bei GRIN:

http://www.grin.com/de/e-book/70715/die-politik-des-new-deal-ein-erfolgreiches-
modell

Universität Hildesheim
Institut für Geschichte

Name: Claudia Brunsch
Seminar: Geschichte

Die Politik des New Deal-
ein erfolgreiches Modell?

Inhaltsverzeichnis

1. Einleitung

Ende Oktober 1929 brach an der New Yorker Wall Street der Börsenhandel zusammen; eine von den USA ausgehende weltweite Wirtschaftskrise folgte.[1] Im Herbst 1930 waren bereits vier Millionen Amerikaner arbeitslos, im Jahr 1932 waren es etwa ein Viertel aller Amerikaner und 1933 sogar ungefähr ein Drittel. Im selben Jahr betrug der Wert der in New York gehandelten Aktien nur noch ein Fünftel des Wertes von 1929. Geschäfte und Fabriken schlossen, Banken waren zahlungsunfähig, das Einkommen der Farmer, die besonders hart von der Krise getroffen wurden, sank auf die Hälfte.[2] Das Grundproblem resultierte aus der immensen Disparität zwischen der Produktionskapazität und der Möglichkeit der Amerikaner zu konsumieren. Spekulationen an der Börse und große Erfindungen in der Produktionstechnik während und nach dem Ersten Weltkrieg hoben die Produktion über die Kaufkraft von amerikanischen Bauern und Lohnempfängern hinaus und brachten das Verhältnis von Waren zu Kaufkraft vollständig aus dem Gleichgewicht.[3]

Vor diesem Hintergrund war der Präsidentschaftswahlkampf von 1932 vorrangig eine Debatte über die Ursachen der Wirtschaftskrise sowie über mögliche Lösungsansätze. Der amtierende republikanische Präsident Herbert Hoover hoffte hauptsächlich auf den natürlichen Erholungseffekt der Wirtschaft und trotz einiger bereits in seiner Amtszeit erlassenen Gesetze zur Unterstützung der Wirtschaft war er der Ansicht, dass nicht primär die Regierung, sondern die Privatwirtschaft die Verantwortung für die Bewältigung der Weltwirtschaftskrise tragen müsse. Sein Gegenkandidat, der Demokrat Franklin D. Roosevelt war hingegen bereit, die Autorität der Zentralregierung für experimentelle Lösungsansätze einzusetzen. Roosevelt wurde mit seinem Konzept für mehr soziale Gerechtigkeit unter Berücksichtigung des „kleinen Mannes", dem sog. "New Deal" 1932 in 42 von 48 Bundesstaaten mit klarem Vorsprung gewählt.[4]

Das in seiner Inaugurationsrede verwendete Schlagwort vom „New Deal" wurde prägend für eine ganze Epoche und ist untrennbar mit dem Namen Franklin D. Roosevelts verbunden.

---

[1] vgl. Bludau, 1964, 9 ff.
[2] vgl. Guggisberg, 1975, 199
[3] vgl. Guggisberg, 1975, 198 f.
[4] vgl. Adams, 2000, 61

2. Franklin D. Roosevelt

Aufgrund der Tatsache, dass der „New Deal" untrennbar mit der Person Franklin D. Roosevelts verbunden ist und „die Persönlichkeit des Amtsinhabers (...) vielen Zeitzeugen zufolge den Regierungsstil (prägte)..."[5] soll an dieser Stelle eine kurze Darstellung der Biographie und der Person Franklin D. Roosevelts erfolgen.

Franklin Delano Roosevelt, 32. Präsident der USA, wurde 1882 in New York geboren und starb 1945 in Warm Springs. Als Kind reicher Eltern studierte er in Harvard und an der Columbia Law School von 1900 bis 1907 Jura. Nach seiner Heirat mit Anna Eleneor Roosevelt im Jahr 1905, mit der er zusammen sechs Kinder hatte, wurde er 1911 State Senator und 1913 Unterstaatssekretär im Marineministerium. Bei den Wahlen 1920 kandidierte er als Repräsentant der Demokratischen Partei für das Amt des Vizepräsidenten. Infolge einer Polioerkrankung (Kinderlähmung) war er ab 1921 von der Hüfte abwärts gelähmt. Trotz des Schicksalsschlages schöpfte er nach einer Zeit der Resignation neuen Mut und kandidierte, nachdem er 1928 bis 1930 Gouverneur des Staates New York war, 1932 gegen den amtierenden Präsidenten Herbert Hoover für das Amt des Präsidenten und wurde mit deutlichem Vorsprung gewählt.[6] Roosevelt war der einzige Präsident der USA, welcher insgesamt viermal zum Präsidenten gewählt wurde. Während des Zweiten Weltkrigs war er beteiligt an Nachkriegsplänen für Europa und der Errichtung der Vereinten Nationen.

Die Persönlichkeit des Präsidenten, die geprägt war von einem eisernen Willen, Selbstbewusstsein und Zuversicht auf einen baldigen Konjunkturaufschwung wird in seinem vermutlich bekanntesten Ausspruch während seiner Inaugurationsrede 1932 deutlich: "The only thing we have to fear is fear itself."[7] Roosevelt verfügte über ein besonderes Charisma und ein kommunikatives Talent, welches er für häufige Pressekonferenzen und Radioansprachen nutzte und dadurch die Verbundenheit zu seinem Land betonte.[8] Seine Popularität beim Volk resultierte neben seinem offenen Charakter aus Roosevelts Mitgefühl und Sympathie für den „vergessenen kleinen Mann" sowie aus seinen pragmatischen Regierungsstil, der die „can-do- Mentalität" des Amerikaners verkörperte.

---

[5] Adams, 2000, 61
[6] vgl. Bludau, 1964, 14
[7] vgl. Heideking, 1999, 303
[8] vgl. Adams, 2000, 61

3. Der „New Deal"

Der „New Deal" war das amerikanische Gesetzgebungs- und Reformprogramm des Präsidenten Franklin D. Roosevelt, das die aus der Weltwirtschaftskrise resultierende Massenarbeitslosigkeit und -armut lindern und durch massive staatliche Investitionen die Binnenkonjunktur ankurbeln sollte. Der „New Deal" wurde zugleich der Begriff für die Epoche in der amerikanischen Geschichte, die mit dem Amtsantritt des Präsidenten Franklin D. Roosevelt 1932 begann und nach dem Eintritt der USA in den Zweiten Weltkrieg im Jahr 1941 endete.

Geprägt wurde der Begriff des „New Deal" durch Franklin D. Roosevelt auf seiner Antrittsrede im Jahr 1932, indem er sagte: „I pledge you, I pledge myself to a new deal for the American people".[9] Das aus dem Kartenspiel übernommene Schlagwort „New Deal" bedeutet übersetzt "Neuverteilung der Karten" und sollte auf eine gerechtere Neuverteilung der gesellschaftlichen Chancen, insbesondere unter Berücksichtigung des „kleinen Mannes" anspielen.[10]

Roosevelt „propagierte keinen festen Rettungsplan"[11], sein Programm orientierte sich auch an keiner theoretisch- wissenschaftlichen Grundlage, sondern war eher pragmatisch angelegt. Der „New Deal" sah vor, den Verantwortungsbereich der Regierung auszuweiten und mit Hilfe des Kongresses diverse Gesetze zu erlassen, die das Ziel haben sollten, die Folgen der Weltwirtschaftkrise zu lindern und einen Aufschwung der Wirtschaft zu erzielen.[12]

3.1. Gesetze und Maßnahmen des New Deal

Roosevelts New Deal war ein Reformprogramm, das sich in zwei Phasen teilte. Die erste Phase bzw. die sog. „Ersten 100 Tage" vom März bis Juni 1933 beinhalteten Gesetze und Maßnahmen zur finanziellen Sicherung und zur Linderung der unmittelbaren Not (relief and recovery); die zweite Phase des New Deal ab 1935 bis 1937 richteten den Focus primär auf dauerhafte soziale und wirtschaftliche Reformen.[13]

---

[9].Wecter, 1948, 53
[10] vgl .Heideking, 1999, 302
[11] Heideking, 1999, 302
[12] vgl. Adams, 2000, 63; vgl. Guggisberg, 1975, 200
[13] vgl. Guggisberg, 1975, 200 f.

In der ersten Phase des New Deal überließ der Kongress dem Präsidenten die Gesetzgebungsinitiative und verabschiedete in kürzester Zeit eine immense Anzahl von Gesetzen. Einige ausgewählte Gesetze sollen nachfolgend vorgestellt werden.

Das erste dieser Gesetze bildete am 09.03.1933 das Bankennotgesetz („Emergency Banking Act"), welches stärkere Aufsichtsbefugnisse des Finanzministeriums vorsah und den Präsidenten zu einer vorher nicht existenten Reglementierung bei der Wiederzulassung der geschlossenen Banken ermächtigte. Das ein Jahr später erlassene Aktiengesetz („Securities Exchange Act") überwachte die Börse und verlangte vor Ausgabe neuer Aktien wirtschaftliche Daten des Unternehmens.[14]

Zum Abbau der Arbeitslosigkeit bot das am 31.03.1933 beschlossene „Civilian Conservative Corps" jungen Männern im Alter von 18 bis 25 die Möglichkeit für einen Stundenlohn von 30 Dollar im Monat in Nationalparks Bäume zu pflanzen, Strassen, Brücken oder Dämme zu bauen. Das am 12.05.1933 erlassene „Federal Emergency Relief Act" gewährte den Einzelstaaten und Gemeinden Subventionen, um in eigener Verantwortung öffentliche Bauprojekte zu organisieren, um die Arbeitslosigkeit zu mildern.[15]

Ebenfalls am 12.05.1933 wurde das Landwirtschaftsgesetz „Agricultural Adjustment Act" erlassen, welches eine Regulation und Stabilisierung der landwirtschaftlichen Produktion, der Preise und Überschüsse vorsah, indem zur Anhebung der Preise für landwirtschaftliche Produkte staatliche Prämien für den Nichtanbau gezahlt wurden und ab 1934 mit der Einrichtung der „Farm Credit Administration" verschuldeten Landwirten günstige staatliche Kredite zu Verfügung gestellt wurden. Die Not der Landwirtschaft sollte auf diesem Wege gelindert werden.[16]

Die Bundesbehörde für Regionalplanung und Naturschutz Tennessee Valley Authority übernahm den Ausbau eines riesigen Energieversorgungsnetzes, welches zu einem Vorzeigeobjekt des New Deal wurde.[17]

Das wichtigste Gesetz zur Wiederbelebung der Industrie bildete am 16.06.1933 die „National Industrial Recovery Act" (NIRA). Es verfolgte das Ziel einer Stabilisierung

---

[14] vgl. Adams, 2000, 63 f.; vgl.Guggisberg, 1975, 201; vgl. Heideking, 1999, 305
[15] vgl. ebd.
[16] vgl.ebd.
[17] vgl. Adams, 2000, 64

der Produktion, der Aufrechterhaltung des Lohnniveaus, einer Regelung der Arbeits-
zeiten und Arbeitsbedingungen und der Verhinderung unlauteren Wettbewerbs, indem für die Zeit der Krise Konkurrenz zwischen den Unternehmen durch Absprachen
über Produktion und Preise ersetzt werden sollte. Diese wurden in 500 „codes of fair
competition" schriftlich fixiert.[18]

Die zweite Phase des New Deal zielte auf langfristig wirkende Reformen mit dem
Focus auf soziale Maßnahmen für Landwirte und Arbeiter ab. Dazu zählte insbesondere das Gesetz zur Sozialen Sicherheit. Mit diesem „Social Security Act" von 1935
beschloss der Bund erstmals die Einführung einer gesetzlichen Alters- und Arbeits-
unfähigkeitsrente, eine gesetzliche Arbeitslosen- und Unfallversicherung und Sozial-
hilfe für Blinde und notleidende Kinder.
Die Grundlagen zu einer allgemeinen Sozialgesetzgebung waren damit geschaffen.
1938 regelte der Bund auch die Höchstarbeitszeit und die Mindestlöhne. Maßnahmen zum sozialen Wohnungsbau und in der Steuergesetzgebung führten darüber
hinaus zu einer weiteren Entlastung der Arbeiter.

Die Einrichtung der „National Labor Relations Board", einer Bundesbehörde, die als
Schlichtungs- und Aufsichtsinstanz für den gesamten Komplex der Beziehungen zwischen Arbeitgebern und Arbeitnehmern fungieren sollte, ermöglichte die Organisation der Arbeiter in Gewerkschaften und verhinderte Repressionsversuche der Arbeit-
geber, so dass 1941 fast in allen Industriezweigen Gewerkschaften zu finden waren.[19]

Die zweite Phase und damit die Ära des New Deal wurde beendet mit Roosevelts
Versuch eine personelle Erweiterung des Obersten Gerichtshof durchzusetzen, wodurch er sich Eingriffsmöglichkeiten in die Judikative verschaffen wollte, andererseits
durch das Bestreben die Demokratische Partei von seinem „New Deal"- feindlichen
Flügel befreien zu wollen.[20]

Zusammenfassend kann festgehalten werden, dass in der ersten Phase des New
Deal eine hohe Anzahl von Gesetzen in extremer Geschwindigkeit ohne festes Konzept erlassen wurden. Der „New Deal" begann zunächst mit Notmaßnahmen zur Be-

---

[18] vgl. Adams, 2000, 64; vgl. Guggisberg, 1975, 201
[19] vgl. Guggisberg, 1975, 204 f.
[20] vgl. ebd.., 205 f.

kämpfung der Wirtschaftskrise. Erstmalig in der Geschichte der USA griff der Staat zu diesem Zweck in diverse wirtschaftliche Bereiche durch Regulierungen, Subventionen oder Vorgaben ein (Arbeitsbeschaffungsprogramme, staatliche Kontrolle der Industrieproduktion, Subventionen für die Landwirtschaft). Für die zweite Phase war der Aufbau einer Sozialgesetzgebung kennzeichnend und ebenso „revolutionär".

3.2. Gegner des „New Deal"

Obgleich die Mehrheit der Bevölkerung die Politik Roosevelts unterstützte, was durch die Wiederwahl im Jahr 1936 belegt werden kann, gab es aus diversen Lagern Gegner des „New Deal".[21] Zu diesen oppositionellen Kräften zählten zunächst politische Gegner anderer Parteien wie die oppositionellen Republikaner im Kongress und die Sozialistische und Kommunistische Partei.[22] Ferner wurde die Regierung Roosevelts aufgrund ihres Eingreifens in wirtschaftliche Bereiche von den konservativen Unternehmern, die sich in der „American Liberty League" vereinigten für die staatliche Regulierung des Wirtschaftslebens kritisiert. Diese Organisation der Unternehmer warf der Regierung eine Politik vor, welche „als Vorstufe eines kommunistischen oder faschistischen Regimes á la Stalin, Mussolini und Hitler"[23] angesehen werden könne. Auf der Gegenseite gab es aber auch Strömungen, die diese Tendenz der rooseveltschen Politik ebenfalls erkannten, aber denen die sozialen Reformen der Regierung nicht weit genug gingen. Zu diesem Lager zählte beispielsweise die „Share Our Wealth" Bewegung.[24]

Die stärkste und einflussreichste Kritik kam aus dem Bereich der Judikative. Der Oberste Gerichtshof erklärte in dem Zeitraum von 1933 bis 1936 mehrere Reformgesetze, unter anderem den „National Recovery Act" von 1935, für verfassungswidrig.[25] Begründet wurde die Entscheidung mit dem Argument, dass der „amerikanische New Deal das Verfassungssystem aus den Angeln (hebe)"[26] Damit prangerte die Judikative die Delegation der legislativen Kompetenzen vom Kongress auf die Regierung und die damit verbundene Gefährdung der Gewaltenteilung an.

---

[21] vgl. Bludau, 1964, 24; vgl. Guggisberg, 1975, 205
[22] vgl. Adams, 2000, 66
[23] Heideking, 1999, 309
[24] vgl. Guggisberg, 1975, 205
[25] vgl. Adams, 2000, 67; vgl. Heideking, 1999, 309 f.
[26] Heideking, 1999, 309

4. Vergleich des New Deal mit dem nationalsozialistischen System Hitlers

Obwohl ein Vergleich zwischen dem New Deal Roosevelts mit dem nationalsozialisti-schen System Hitlers auf den ersten Blick nicht nur unangebracht, sondern auch ab-wegig erscheint, soll ein solcher nachfolgend dargestellt werden. Dies resultiert aus der Feststellung, dass sich trotz immenser Unterschiede zwischen dem New Deal und dem Nationalsozialismus auf den zweiten Blick doch auffällige Parallelen entde-cken lassen. Dennoch soll betont werden, dass ein Vergleich einzelner Aspekte kei-neswegs eine Gleichsetzung des „New Deal" mit dem Nationalsozialismus bedeuten soll.

Zunächst fällt eine Gemeinsamkeit zwischen den zwei politischen Hauptakteuren auf: Hitler wie Roosevelt waren beide charismatische Persönlichkeiten, die es verstanden die Massen durch dieses Charisma an sich zu ziehen und durch diese Massenmobi-lisierung ihre neuartige Politik zu legitimieren. Beide bedienten sich dazu äußerst ge-schickt propagandistischer Mittel. Roosevelt tat dies in seinen berühmten Radioreden am Kamin den sog. „Plaudereien am Kaminfeuer", die Intimität eines Zwiegesprächs suggerierend, die die amerikanische Wählerschaft immer wieder äußerst effizient umwarb und dem einfachen Bürger die Pläne der Regierung näher brachte [27] Seine Reden über Presse und Rundfunk erreichten 1938 bereits 26 Millionen amerikani-sche Haushalte.[28] Auch Hitler bediente sich dieses Mediums und propagierte seine Ideologie neben öffentlichen Reden und der Presse auch mittels des Radios, den sog. „Volksempfänger". In der Zeit des Nationalsozialismus unter Hitler und in der Zeit des „New Deal" unter Roosevelt erreichte die Propaganda eine neue, bis dahin nicht dagewesene Qualität, da sie durch ihren konsequenten Einsatz Massen von Menschen erreichte und beeinflussen konnte.

Trotz der Tatsache, dass Hitler und Roosevelt völlig konträre Ziele verfolgten und differente Ansichten vertraten, können doch Ähnlichkeiten im Führungsverhalten festgestellt werden. Beide Akteure bedienten sich einer starken Exekutive. Hitler ge-lang es durch das Ermächtigungsgesetz vom 24.03.1933 das politische Machtzent-rum vom Reichstag auf die Reichsregierung, dessen Kanzler er war zu verlagern und

---

[27] vgl. Guggisberg, 1975, 202
[28] vgl. Heideking, 1999, 305

von diesem Tag an schrittweise eine Diktatur zu errichten, wodurch die Gewaltenteilung aufgehoben wurde. Auch in Roosevelts Handeln lassen sich bei einer harten Bewertung „diktatorische Züge" erkennen. Dies zeigte sich dadurch, dass während der Phase des „New Deal" die Exekutive und damit die präsidiale Macht Roosevelt einen immer stärkeren Einfluss auf die politischen Entscheidungs- und Planungsprozesse gewann, während die legislative Gewalt, der Kongress sich zu einer Institution entwickelte, die die Pläne der Regierung entgegennahm, jedoch selbst kaum Gesetzgebungsinitiative an den Tag legte.[29] Eine Gewaltentrennung war faktisch nicht mehr vorhanden, da die Regierung die Position der Exekutive und der Legislative übernahm. Der Versuch Roosevelts, eine personelle Erweiterung des Obersten Gerichtshof durchzusetzen, um sich dadurch Eingriffsmöglichkeiten in die Judikative zu verschaffen, kann ebenfalls als Beleg für die aufgestellte These gesehen werden. Jedoch bleibt abschließend festzuhalten, dass Roosevelt keine Bestrebungen zur Errichtung einer Diktatur und zur Abschaffung des kapitalistischen Systems verfolgte, sondern durch stärkere Machtbefugnisse seine Pläne zur Umsetzung seines Reformprogramms durchsetzen wollte.[30]

Die stärksten Gemeinsamkeiten lassen sich in der Wirtschaftspolitik des Nationalsozialismus und Roosevelts „New Deal" erkennen, dessen Gründe bei beiden Ländern aus der Weltwirtschaftkrise resultierten. Diese Wirtschaftspolitik äußerte sich in einem Staatsinterventionismus mit dem Ziel eines wirtschaftlichen Aufschwungs und einem damit verbundenen Abbau der Arbeitslosigkeit. Charakteristisch dafür waren massive staatliche Eingriffe in die Wirtschaft und daraus resultierend erhebliche Einschränkungen des privatwirtschaftlichen Handlungs- und Entscheidungsspielraums.[31] Es handelte sich dabei um ein „ambivalentes System von weitreichender staatlicher Kontrolle und Aufrechterhaltung privatkapitalistischer Spielräume."[32]

Diese Wirtschaftspolitik der frühen Nationalsozialismus (1933 bis 1939) sowie des „New Deal" äußerte sich in einer Reihe von beschäftigungspolitischen Maßnahmen und öffentlichen Investitionen. Dabei fallen besonders die staatlich kontrollierten Großprojekte auf. Der Umbau des Tennessee Valley und die Reichsautobahnen dienten einerseits als Arbeitsbeschaffungsmaßnahmen im großen Stil, andererseits

---

[29] vgl. Heideking, 1999, 304; vgl. Guggisberg, 1975, 207
[30] vgl. Guggisberg, 1975, 208
[31] vgl. Kruse, 1988, 129
[32] ebd.

versuchten Roosevelt und Hitler durch solche gewaltigen Bauprojekte ihren Technik-enthusiasmus und ihre Modernisierungsfähigkeit zu beweisen. Während die Projekte in den USA auf freiwilliger Arbeit basierten, wurden sie in Deutschland durch Zwangsarbeit geschaffen.

Trotz der aufgeführten Gemeinsamkeiten in einzelnen Aspekten, kann man die Poli-tik des „New Deal" keineswegs mit dem Nationalsozialismus gleichsetzen, da die Zielsetzungen konträr waren. Während Hitlers Wirtschaftspolitik in seiner Diktatur auf die Kriegsvorbereitung abzielte, intendierte Roosevelt durch seine Maßnahmen eine Verbesserung der wirtschaftlichen Situation, vor allem für den „kleinen Mann" herbei-zuführen und dadurch die Demokratie zu bewahren.

5. Vergleich des „New Deal" mit der nachfrageorientierten Wirtschaftspolitik Keynes

Auch wenn sich -laut Literatur[33]- der „New Deal" nicht an einem theoretisch- wissen-schaftlichen Konzept orientierte, so kann die Politik des „New Deal" durchaus mit der Theorie des Wissenschaftlers Keynes verglichen werden. Bei der nachfolgenden Be-schreibung des sog. Keynesianismus sollen Parallelen zwischen der Theorie Keynes und dem „New Deal" aufgezeigt werden.

John Maynard Keynes revolutionierte 1936 mit seinem Werk „Allgemeine Theorie der Beschäftigung, des Zinses und des Geldes" die Wirtschaftstheorie, indem er die The-se aufstellte, dass die Wirtschaft instabil sei und dass nicht jedes Angebot eine ent-sprechende Nachfrage schafft (Theorie des Marktversagens). Ferner behauptete er, dass die Beschäftigung primär von der gesamtwirtschaftlichen Güternachfrage ab-hängt und eine Unterbeschäftigung danach auf eine nicht ausreichende gesamtwirt-schaftliche Nachfrage zurückzuführen sei.[34] Konsequenterweise könne eine Vollbe-schäftigung nur mit genügend hoher Nachfrage erreicht werden. Reicht die „normale" Nachfrage nicht aus, so bedarf die Wirtschaft einer Steuerung durch den Staat, wel-cher durch eine eigene Nachfrage die Wirtschaft „ankurbeln" müsse.[35] Zusammen-

---

[33] vgl. Adams, 2000, 62,175; vgl. Heideking, 1999, 302
[34] vgl. Bombach/Ramser, 1981, 181
[35] vgl. Hartmann, 2003, 304

fassend kann festgehalten werden, dass Keynes die staatliche Nachfragesteuerung als Schlüsselgröße für die Beeinflussung des Wirtschaftswachstums ansah.

Der Staat soll nach dem Konzept von Keynes eine antizyklische Fiskalpolitik betreiben d.h. ein Gegensteuern des Staates, indem er bei schwacher Konjunktur und Arbeitslosigkeit Steuern senkt und dem Wirtschaftskreislauf zusätzliches Geld zuführt (wodurch eine Verschuldung hingenommen wird) und in Zeiten der Hochkonjunktur die Steuern erhöht und Schulden tilgt.[36]

Keynes propagierte also eine staatliche Steuerung der Nachfrage durch die Veränderung von Staatseinnahmen und Staatsausgaben. Durch Beschäftigungsprogramme in Zeiten wirtschaftlicher Rezession sollte der Staat bspw. durch Arbeitsbeschaffungsmaßnahmen oder staatlicher Großprojekte die Beschäftigung erhöhen und die Wirtschaft „ankurbeln".[37]

Nichts anderes als diese Fiskalpolitik betrieb Roosevelt mit seinem „New Deal". Er bediente sich der staatlichen Steuerung, um das Wirtschaftsgeschehen zu lenken. Durch den gezielten Einsatz von Staatsausgaben, welcher zu einer Staatsverschuldung führte, übernahm der Staat die Rolle der „Nachfrageseite", trat selbst als Unternehmer auf und versuchte durch höhere Staatsnachfrage den Ausfall der privaten Nachfrage zu kompensieren. Es wurden Subventionen verteilt und Arbeitsbeschaffungsprogramme veranlasst. Ein bekanntes Beispiel dafür bildet der Bau des Tennessee Valley (vgl. Kapitel 3.1). Roosevelt erhoffte sich durch diese staatsinterventionistische Politik einen konjunkturellen Aufschwung.

Abschließend bleibt festzuhalten, dass mit dem „New Deal" in den USA bereits Keynesianismus betrieben wurde, bevor Keynes theoretisches Konzept in systematischer Form 1936 publiziert wurde.

---

[36] vgl. ebd.
[37] vgl. Hartmann, 2003, 305

6. Bewertung des New Deal

Der „New Deal" kann als eine neue Phase in der amerikanischen Geschichte bezeichnet werden, da erstmal eine Abkehr von der Politik des „laissez- faire" zu einer staatsinterventionistischen Politik stattfand. Damit wandelte sich die USA während des „New Deal" von einem einst „laissez-faire"-liberalen Nachtwächterstaat zu einem demokratischen Sozialstaat.[38] Dies ist vor allem deshalb so bemerkenswert, weil sich die USA stets als freiheitliches Land mit dem Ideal des freien Welthandels und einer freien Wirtschaft, als „land of opportunity" verstanden. Diesem Verständnis widersprach die neue Politik Roosevelts, die in privatwirtschaftliche Bereiche durch Subventionen, Einführung hoher Zölle und anderen protektionistischen Maßnahmen gezielt in das Wirtschaftsgeschehen eingriff, um dieses lenken und kontrollieren zu können. Auch Eingriffe in das föderalistische System z.b. durch den Bau des Tennessy Valley widersprachen dem föderalen Verständnis und Aufbau der USA.

Es stellt sich die Frage, ob das Reformwerk „New Deal" im Hinblick auf seine Zielsetzung, der Belebung der Konjunktur und dem damit verbundenen Abbau der hohen Arbeitslosigkeit, erfolgreich war. Dazu lassen sich Fakten anführen, die belegen, dass der Erfolg der rooseveltschen Maßnahmen nur begrenzt war. Die durch die „New Deal" einsetzenden „Erfolge waren mit enormen Anstrengungen errungen worden, aber eigentlich überwältigend waren sie nicht."[39] Im Jahr 1939 hatte sich die Wirtschaft noch nicht erholt. Der wirtschaftliche Zentralisierungsprozess konnte durch die Reformen nicht aufgehalten werden und die Arbeitslosigkeit betrug 1941 noch 6 Millionen.[40] Erst der Eintritt der USA in den Zweiten Weltkrieg im Dezember 1941 und die dadurch einsetzende Rüstungswirtschaft beendeten die Zeit der Weltwirschftsdepression.[41] Die langfristigen Auswirkungen des „New Deal" können deshalb nicht klar beurteilt werden.

Obwohl der „New Deal" nicht durchweg Erfolge verzeichnen konnte, so brachte er doch viele positive Aspekte mit sich. Durch Roosevelts „New Deal" wurden zahlreiche Maßnahmen zur Förderung des kulturellen Lebens und der Wissenschaft unter-

---

[38] vgl. Guggisberg, 1975, 208
[39] Guggisberg, 1975, 206
[40] vgl. ebd.
[41] vgl. Adams, 2000, 59

11

nommen. Das Schul- und Universitätswesen erhielten finanzielle Unterstützung und das Stipendienwesen wurde ausgebaut.[42]

Viel bedeutender als die faktischen Erfolge des „New Deal" waren die psychologischen. Die Situation in den USA durch die Folgen der Weltwirtschaftskrise war vergleichbar mit der Situation in einigen europäischen Ländern, in denen diese die Errichtung diktatorischer Systeme zur Folge hatte. Auch in den USA kamen während dieser Zeit „Zweifel an den Grundfesten der amerikanischen Existenz auf, an der Fähigkeit des einzelnen, sein Schicksal selbst zu gestalten, an der Überlegenheit der Demokratie gegenüber autoritären und diktatorischen Systemen."[43]

Roosevelt schaffte es durch den „New Deal", der zahlreiche Maßnahmen für die Unterstützung des „kleinen Mannes" in enormer Geschwindigkeit durchsetzte und durch propagandistische Mittel diese Maßnahmen dem Volk geschickt „verkaufte", das Gefühl zu vermitteln, dass sich der Staat für die Menschen einsetzt und fähig ist die Krise zu überwinden. Es kann die These aufgestellt werden, dass der „New Deal" dadurch zumindest psychologisch dazu beitrug die „Große Depression" zu überwinden und eine erfolgreiche Alternative zu einem diktatorischen System bot.

Auch wenn Roosevelt als Präsident eine starke Stellung einnahm und die Exekutive oft die legislativen Aufgaben übernahm, was als mangelnde Gewaltenteilung kritisiert wurde, versuchte er dadurch nur die Voraussetzung für ein besseres Wirtschaftwachstum zu schaffen, gewisse Mindeststandards und soziale Sicherheit zu garantieren. Ich behaupte, dass der Zweck in diesem Fall die Mittel geheiligt hat, dass die staatsinterventionistische Politik Roosevelts notwendig war, um das Bestehen der Demokratie zu gewährleisten, denn seine Politik stellte das Vertrauen und den Glauben an die demokratischen Werte wieder her.

---

[42] vgl. Guggisberg, 1975, 210
[43] vgl. Heideking, 1999, 301

7. Literaturverzeichnis

Adams, Willi Paul: Die USA im 20. Jahrhundert, München 2000

Bludau, Michael: America`s Transformation- The Great Depression and the Roosevelt New Deal, Dortmund 1964

Bombach, Gottfried; Ramser, Hans-Jürgen u.a.: Der Keynesianismus I – Theorie und Praxis keynesianischer Wirtschaftpolitik, Berlin, Heidelberg, New York 1981

Guggisberg, Hans R.: Geschichte der USA II- Die Weltmacht, Stuttgart, Berlin, Köln, Mainz 1975

Hartmann, Gernot B.: Volkswirtschaftliches Denken und Handeln, 6.Auflage, Rinteln 2003

Heideking, Jürgen: Geschichte der USA, 2. Auflage, Tübingen, Basel 1999

Kruse, Christina: Die Volkswirtschaft im Nationalsozialismus, Freiburg 1988

Wecter, Dixon: The Age of the Great Depression 1929- 1941, USA 1948